UN COUP D'ŒIL

SUR LA

MAUVAISE PRESSE

Opuscule dédié spécialement

AUX PÈRES DE FAMILLE & AUX INSTITUTEURS

PAR

ERNEST CARON

Chef d'institution, à Paris

Auteur de l'*Instruction laïque*, de *Nos Libres Penseurs*,
de *Nos Vrais Sauveurs : la Famille, l'Ecole*, etc.

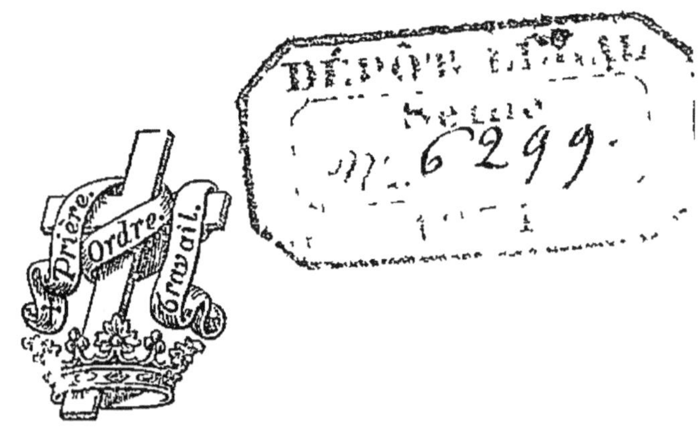

PARIS

LIBRAIRIE CATHOLIQUE

38, RUE SAINT-SULPICE, 38

—

1874

UN COUP D'ŒIL

SUR LA

MAUVAISE PRESSE

Dans un pays où le besoin d'instruction se fait sentir plus vivement chaque jour, dans un pays où le goût, je dirais mieux, la passion de la lecture, se répand jusque dans la classe populaire, le plus grand ennemi de la société, la puissance la plus destructive de la vie nationale, c'est la mauvaise presse. Tel est le fait qui s'impose, dans sa hideuse brutalité, à l'attention des instituteurs et des pères de famille, et qui réclame impérieusement toute la sollicitude des hommes chargés des pouvoirs publics.

J'invite surtout les partisans de la liberté absolue de la presse à vouloir bien lire ces quelques pages, où je me charge de démontrer succinctement cette vérité, en me plaçant au point de vue presque exclusif de la jeunesse, et en écartant complétement de la question qui, du reste, est purement morale et intellectuelle, la politique, cette vilaine chose qui nous a fait tant de mal jusqu'ici, et nous en fera peut-être bien plus dans l'avenir.

Le Saint-Père, dans une audience donnée, le 29 mars dernier, aux élèves de l'Université catholique de Rome, répondit à une adresse touchante, par un discours dont j'extrais et cite à dessein, ici, ces paroles remarquables :

« Toutes les fois que, dans la société humaine, il s'est produit quelque désordre, quelque révolution, quelque renversement de l'ordre public, la jeunesse a toujours été prise comme point de mire, par les uns pour la rappeler et la maintenir dans la bonne voie, par les autres, pour la corrompre d'abord dans son cœur et ensuite dans son esprit... Je vous le répète, dans toutes les révolutions... toujours on a cherché à corrompre la jeunesse. On ne manque pas d'exemples, anciens et modernes, qui viennent à l'appui de cette affirmative, considérée sous sa double origine »

Qui donc oserait nier que cela est vrai, dans notre malheureux pays plus que partout ailleurs? L'enfant, cette chose si sainte, cette fleur immaculée, « *cette âme rose,* » cette âme qui murmure et chuchote des hymnes si ineffables, si divins, il est aisé de voir ce qu'en fait trop souvent, parmi nous, le génie du mal, fidèlement servi par les satellites de la mauvaise presse : des athées, des matérialistes, des libertins et quelquefois des scélérats.

N'a-t-on pas remarqué que les plus grands criminels ont été dépravés, dès l'enfance, par les mauvaises lectures ? N'en a-t-on pas vu, en pleine cour d'assises, confesser que c'est la basse littérature qui les a entraînés dans la voie qui aboutit fatalement au bagne et à l'échafaud ? Engeance honteuse, éclose du fumier des infâmes doctrines, nourrie par l'éducation sans Dieu, par cette éducation menteuse et monstrueuse, que les apôtres du socialisme ont juré d'imposer à notre malheureux pays, sous le titre insensé d'*Instruction laïque !* Race hideuse et malfaisante, crachant cyniquement sur le prêtre, après avoir craché sur ce qu'on appelle famille, patrie, honneur, après avoir craché sur sa mère, après avoir craché sur son Dieu !

Mais il faut bien, m'objectera-t-on, ouvrir l'esprit de la jeunesse aux *idées nouvelles,* c'est-à-dire aux idées de progrès, de liberté, de patriotisme, etc. Et les ouvrages que vous attaquez si vertement ne sont-ils pas, pour la plupart, très propres à remplir cet objet ? — A cela, je répondrai nettement que les *idées nouvelles*, idées dites *libérales*, sont corrompues dans leur principe par la plupart de ceux-là mêmes qui vont les prônant parmi nous, et qu'elles deviennent, en raison de leur exagération insensée, de leur impiété révoltante, des idées subversives de tout ordre et de toute morale, capables de jeter dans l'esprit de nos enfants les notions les plus fausses et les plus monstrueuses sur l'histoire, snr la morale, sur la religion, sur les hommes et sur les choses, capables, malgré leur prétention d'assurer le bien-être des masses, capables, dis-je, de faire rétrograder tout un peuple jusqu'aux dernières limites de la barbarie. Je vais le prouver avec d'autant plus de facilité que les arguments abondent autour de moi.

Je prends d'abord, entre mille et une productions du même genre, une brochure intitulée : Maximilien Robespierre, laquelle vient d'être répandue à profusion jusque dans les campagnes :

« Robespierre, dit l'auteur, mérita le sur-
nom d'*Incorruptible*, décerné par ses contem-
porains, et que l'histoire lui a conservé Le
9 thermidor 1794, il meurt sur l'échafaud avec
son frère et ses amis *dévoués : ils furent exé-
cutés sans jugement. Un assassin, un gendarme, lui avait fracassé la mâchoire d'un
coup de pistolet,* au moment de son arres-
tation.

« Sa mémoire fut flétrie par tous les gou-
vernements qui se sont succédé C'est le sort
réservé à tous *les martyrs succombant dans
la grande tâche d'améliorer les lois politi-
ques et sociales de l'humanité Sa vie fut
toute dévouée au peuple* . Son visage grave
respirait la *bienveillance*   »

C'est ainsi que se fait l'apothéose des plus
vils scélérats; c'est avec cette sincérité que
s'écrit l'histoire, dans le sens des *idées nouvelles !*
Si j'ouvre le livre qui fait actuellement les
délices des partisans des *idées nouvelles,* le
Quatre-Vingt-Treize, de M. Hugo, parmi
toutes les énormités dont cette œuvre four-
mille, je détache celle-ci, qui s'étale à la
page 42, chap. ix, du tome II :

« Féraud, dont Boissy-d'Anglas saluera la
tête, laissant à l'histoire cette question :

Boissy-d'Anglas a t-il salué la tête, c'est-à-dire la victime, ou la *pique*, c'est-à-dire les *assassins ?* »

Et je ne puis m'empêcher de frémir en songeant que ces lignes ont été écrites par un homme, dont les poésies sublimes ont transporté d'admiration les âmes honnêtes et sensibles, par un homme de génie qui n'a pas craint de mentir à ses convictions et d'outrager ce qu'il y a de plus respectable et de plus sacré, dans le but de flatter les vils instincts de lecteurs sans principes... Comment ne frémirais-je pas, ensuite, à la pensée que ces livres pernicieux, trop souvent, hélas ! sont lus par nos enfants eux-mêmes, qu'il en est qui pénètrent, avec une facilité déplorable, jusque dans un certain nombre de nos écoles publiques ?

Parlerai-je, à ce sujet, d'une *Histoire de France* fort remarquable, due à la plume d'un homme qui brilla naguère à la tête de l'Université ?

Je le ferai, avec un sentiment de profond regret. Voltaire...

. . . . « ce singe de génie,
Chez l'homme, en mission, par le diable envoyé. »
Victor Hugo.

Voltaire y est présenté à la jeunesse comme « L'APOLOGISTE DE LA TOLÉRANCE RELIGIEUSE, » dont « *les plus constants efforts furent dirigés contre le* POUVOIR SPIRITUEL, QUI EMPÊCHAIT DE PENSER... *Le mal social devint son ennemi personnel*, ET L'AMOUR DE LA JUSTICE SA PLUS ARDENTE PASSION !!! »

Est-ce que l'amour de la justice ne repose pas sur la vérité ? me permettrai-je de dire à l'éminent historien. Est-ce qu'il est un seul écrivain qui sache, à l'exemple de Voltaire, faire monter le dégoût au cœur et la rougeur au front, par le cynisme avec lequel il ait, comme Voltaire, érigé le mensonge en principe et l'hypocrisie en système ?

Vous nous apprenez que Voltaire, dans une brochure intitulée : « A LONDRES : LIBERTÈ, ÉGALITÉ, » *nous donnait* LA DEVISE DE LA RÉVOLUTION. » Et vous oubliez de citer, à l'appui de votre dire, ces belles paroles, tirées d'une lettre de Voltaire, datée du 17 avril 1765 :

« Le peuple ressemble à des *bœufs*, à qui il faut un *aiguillon*, un *joug* et du *foin* »

Et celles-ci :

« Il est à propos que le peuple soit guidé et

non pas *instruit*; il n'est pas *digne* de l'être. »
(Lettre du 19 mars 1766.)

Vous nous montrez Voltaire « FAISANT
ALLIANCE AVEC LES SOUVERAINS ET SE COU-
VRANT DE LEUR PROTECTION. » Vous nous
rappelez, par une citation empruntée à la
correspondance de Voltaire, que ce sensible
citoyen « *avait toujours la fièvre le 24 août,
anniversaire de la Saint-Barthélemy.* » Et
vous ne nous dites pas s'il tombait de fièvre
en chaud mal, LE 5 SEPTEMBRE, ANNIVER-
SAIRE DE ROSBACH, le généreux patriote qui
écrivait au roi prussien Frédéric, notre ennemi juré, ces paroles qu'une plume française reproduit en frémissant :

« *Le peuple français est sot et volage, vail-
lant au pillage et lâche dans les combats.* »

Paroles infâmes qui nous dévoilent clairement le but secret de « L'ALLIANCE AVEC LES
SOUVERAINS, » but odieux, qui semble avoir
échappé à votre intelligente sagacité.

Si du livre historique nous passons au
roman, l'esprit soi-disant nouveau, trop souvent esprit de mensonge et de corruption, se
révèle à nous sous des traits plus éclatants
encore. Il est si facile,—dans ce genre de lit-

térature, de toucher à toutes les questions qui passionnent les esprits et les cœurs ! si facile d'y mêler, en un monstrueux accouplement, l'horrible avec le beau, le faux avec le vrai, le vice avec la vertu !

Je me bornerai, dans une étude si concise, à signaler une collection qui semble s'adresser particulièrement à la jeunesse ; j'ai nommé la *Bibliothèque des* BONS *romans illustrés*. Si vous ne la connaissez point, quelques titres pris au hasard suffiront pour vous édifier à son sujet :

Le Couvent : MÉMOIRES D'UNE RELIGIEUSE ; *les Jeunes Filles de Paris ; les Alcôves maudites ; les Collets noirs ; la Chasse aux Femmes et aux Lions, en Algérie ; le Roman de Mademoiselle Giraud, ma femme* (42ᵉ ÉDITION).

Il n'est pas besoin, à coup sûr, d'ouvrir l'un de ces chefs-d'œuvre pour constater le poison perfide qu'y ont audacieusement glissé, jusque entre les lignes, des écrivains appartenant à une école fatale, lesquels s'imaginent faire œuvre de moraliste, en analysant les plus viles dépravations du cœur humain, faire acte de vertu, en mettant à nu le fond des abîmes où s'engouffrent l'honneur du foyer et la dignité de la femme... Disons-le avec douleur, jusqu'en ces temps d'iniquités, la mère était restée debout, intacte, sur son piédestal ; il est tels de ces mauvais citoyens qui l'en font descendre et qui la jettent sur la boue du trottoir, aux applaudissements de la foule hébétée... Les malheureux ! si on les laisse faire, il ne nous restera bientôt plus rien, au milieu de nos hontes, qui soit digne de notre respect !...

Comme il est dans la logique de la mauvaise presse d'assurer le triomphe de l'immoralité par l'anéantissement du principe religieux, les habiles de la confrérie ne manquent pas de préparer, d'une époque à l'autre, une cuisine toute spéciale à l'usage des amateurs de hauts mets. Il nous ont servi, en ces derniers temps : *la Vie de Jésus ; la Religieuse ; le Moine ; le Maudit*, et autres produits trempés dans la même fange, destinés avant tout à la diffusion des *idées nouvelles*.

La chute du Catholicisme est le *delenda Carthago* de ces apôtres de l'enfer. Triple aveugle qui ne le verrait ! Quadruple menteur qui oserait le nier !

Chose remarquable, c'est toujours à corrompre la jeunesse que ces vaillants réformateurs de la société travaillent avec une ardeur vraiment digne d'une plus noble cause. Je viens de signaler la *Bibliothèque des* BONS *Romans illustrés*. Je rencontre maintenant, dans la *Bibliothèque des Merveilles*, éditée par la maison Hachette, librairie éminemment *classique*, et pas toujours *catholique*, je rencontre, dis-je, certains livres éminemment dangereux, que les pères de famille et les instituteurs les plus honnêtes vont, je le sais, acheter sans défiance.

Il y a peu de temps, l'un de mes élèves me communiquait l'un de ces ouvrages, intitulé : *Éclairs et Tonnerre*, par W. Fonvielle, et m'indiquait ingénument les passages qui l'avaient le plus fortement scandalisé.

Je vais les reproduire textuellement, ici, dans l'intérêt de la cause sacrée que je défends.

Page 6 :

« Quand Julien essaya de donner un démenti aux chrétiens, et de reconstruire le temple profané par la mort du Sauveur, il oublia de rétablir l'armure qui avait protégé successivement deux édifices, et dont il ignorait la puissance. La foudre ne tarda pas à détruire les échafaudages et à disperser les ouvriers envoyés par César : l'insuccès éclatant de l'ennemi de la religion nouvelle fut accueilli avec des transports de joie par les chrétiens dispersés dans tous les coins de l'empire. Aucun des philosophes qui combattaient pour les dieux de Platon ne sut leur répondre que ce *prétendu miracle* était produit par la *loi naturelle*, à laquelle le temple des Juifs avait dû pendant si longtemps sa conservation merveilleuse. »

Page 157, il s'agit d'un chef de brigands, enfermé dans une prison bavaroise, au milieu de ses complices, soutenant leur arrogance par ses théories abominables.

« La foudre éclate et vient le frapper au milieu de ses affreux discours. Les maillons de fer, *et non ses blasphèmes*, avaient attiré la catastrophe. »

Page 158 :

« Ces événements étranges auront certainement une haute portée philosophique, car ils nous prouvent que le *Cosmos n'est point organisé sur le plan d'un État despotique, sur lequel règne un pouvoir arbitraire.* »

Page 165 :

« Les journaux ont raconté, au mois d'août 1868, qu'un gendarme avait vu ses bottes

mises en pièces par un orage. *Quel sacrilége !
Les bottes ne sont-elles pas au gendarme ce
que le Saint-Sacrement est à l'église ?* »

Page 214 :

« Il paraît qu'il fut frappé d'un coup de
foudre, qui tomba sur un parapluie en soie
qu'il tenait à la main. Il se vit enveloppé d'un
tourbillon de flammes, qui ne lui fit aucun
mal. *Malheureusement, il se crut sauvé par
la protection divine.* Oubliant que *le taffetas
pouvait être pour beaucoup dans le miracle,*
il se crut obligé, depuis cet événement, de se
consacrer à *la défense de l'autel et du trône,*
jusqu'à la fin de sa carrière, qui fut longue.
*Il n'eut pas lieu de se féliciter d'avoir tenu
la promesse qu'il avait faite au Dieu qui
lance son foudre contre les pécheurs.*

Le livre des *Merveilles* se termine par cette
maxime remarquable :

« Dans ce monde infini, où nous vivons *sans
trop savoir pourquoi,* il n'est pas d'homme in-
telligent qui n'ait des découvertes à faire,
s'il utilise ses loisirs à admirer et étudier la
nature. »

Étrange savant, qui, sans doute, n'avez
point écrit un si triste ouvrage « *sans trop*

savoir pourquoi, » à quoi bon, dites-moi, « *faire des découvertes ?* » à quoi bon utiliser ses loisirs « *à étudier et admirer la nature,* » si l'on se place à votre point de vue ? Soyons logique, mon garçon, soyons logique. Vivre comme la brute est assurément ce qu'il y a de mieux à faire en pareil cas (1).

Voilà, certes, des choses assez putréfiantes que l'on peut s'étonner, à bon droit, de rencontrer dans des livres destinés à la jeunesse. Et que diraient les partisans de la liberté absolue de la presse, j'entends de ceux qui possèdent un fonds de véritable honnêteté, que diraient-ils, si j'analysais ici les volumes les plus remarquables de la *Bibliothèque démocratique,* dē la *Bibliothèque nationale* et de l'*École mutuelle* : Cours d'éducation populaire, et de cent autres productions du même acabit ? Je me contenterai d'offrir quelques citations tirées :

1° Du livre intitulé : *École mutuelle : Phi-*

---

(1) Je trouve dans le Catalogue (1874) des livres *pour distributions de prix* de la maison Hachette, à la page 9, laquelle porte pour en-tête : « *Éducation, Pédagogie, Piété,* » je trouve : Fonvielle (W. de), *Les Merveilles du Monde invisible ; Éclairs et Tonnerre.* »

C'est trop fort !

—

losophie et Morale, par Jules Andrieu, *préparateur au baccalauréat ès lettres ;*

2° D'une publication modeste, mais tout à fait *humanitaire*, et qui se présente à nous sous ce titre : l'*Éducation populaire !*

Voyons d'abord *Philosophie et Morale :*

Page 29 :

« Ils (les Chaldéens et les Égyptiens) avaient le tort de croire que *le Ciel s'occupe de nous...* Pour les premiers Grecs, pour les sauvages et *pour les paysans de nos jours, le Ciel n'est,* au contraire, *qu'un immense couvercle qui repose sur les monts.* »

Page 31 :

« La Bible défend toute divination, c'est-à-dire *tout commerce avec les sciences.* »

Page 32 :

« Il (l'Hébreu) l'a voulu *cruel et vindicatif* (Jéhovah)....., ce *Dieu très personnel.....,* voilé, irritable comme la foudre, et qui habitait volontiers les montagnes et les buissons.* »

Page 65 :

« *Le moyen âge a cru en Adam, puisqu'il a pleuré* toutes ses larmes et tous ses syllogismes sur le péché d'Ève. »

Page 59 :

« Mais l'animal qui accapare l'attention du monde savant, c'est le *singe*. Carl Vogt termine ses *belles* Études sur l'homme par cette pensée : qu'*il vaut mieux être un singe perfectionné qu'un Adam dégénéré.* »

M. Jules Andrieu termine, lui, son *beau* livre *Philosophie et Morale* par cette pensée vraiment exquise :

« *La Morale attend tout encore de la science et de la liberté.* »

M'est avis, cher philosophe de l'*École mutuelle*, et je vous dois ce sincère hommage, que vous n'êtes pas seulement un habile *préparateur au baccalauréat ès lettres*, mais que vous faites encore un excellent *préparateur* DE ou A *la morale...* Mais, grand homme, de grâce, dites-le-nous, qu'entendez-vous par la *science* et la *liberté*, ces deux Messies impatiemment attendus par la *morale*? Oh ! vous le savez bien. car, soit dit sans flatterie, la *science*, vous en débordez ; la *liberté*, vous la possédez dans de très honnêtes conditions, puisqu'il ne s'est rencontré personne qui se fut avisé de vous empêcher, vous et vos semblables, d'empoisonner à plaisir le cœur et l'âme de nos enfants. —Diantre ! qu'est-ce que cela peut donc bien être ?... Eh ! ch ! serait-ce, par hasard, le *matérialisme* et la *licence ?*... Car, enfin, si votre *morale attend* TOUT *encore de la science et de la liberté*, elle doit se réduire à très peu de chose, ou, pour mieux dire, à RIEN du tout. Je parie que vous n'aviez pas songé à cela. La logique et la philosophie, voyez-vous, s'accordent très mal entre elles, quand la morale est absente du logis.

Et dire qu'il s'est trouvé un jury capable de décerner une *mention honorable* (Exposition de 1867) à l'éditeur de la *Bibliothèque nationale* et de l'*Ecole mutuelle !* et que plusieurs de ces livres, qui ont atteint le comble de l'abjection dans l'impiété et l'immoralité, se rencontrent entre les mains de nos enfants, au foyer de la famille et jusque sous l'œil de l'instituteur ! En vérité, ou sommes-nous ? où allons-nous ?...

Voici maintenant venir, avec de petits airs cauteleux et cafards, l'*Éducation populaire* (1), qu'il est utile de signaler à l'attention des

---

(1) D'abord éditée par la librairie classique Delagrave, l'*Éducation populaire* paraît maintenant chez Sandoz et Fischbacher, éditeurs protestants.

instituteurs et des pères de famille vraiment honnêtes.

L'*Éducation populaire* est une pacotille de petits livres à bon marché (52 cours à 0 fr. 05 pièce) ; cela paraît tous les quinze jours, depuis le 15 décembre 1872.

L'on a pris le soin de recommander cette petite encyclopédie démocratique et sociale à MM. les instituteurs, les délégués cantonaux, les maires, etc. Rien de plus naturel, puisque c'est par l'enfant que les ardents promoteurs de la civilisation nouvelle prétendent opérer, à leur manière, la réédification de l'édifice moral et intellectuel, à demi-ruiné dans notre infortunée patrie.

A travers l'alphabet, les éléments de la lecture, de l'écriture, de la grammaire, du système métrique, etc., on a su glisser, avec une adresse toute voltairienne, les principes essentiels de la *morale indépendante*.

Dans l'*Alphabet politique* : « *Qu'aimes-tu ?* » demande-t-on à l'enfant. Et l'enfant de répondre : « *D'abord ma patrie, mes parents ensuite, puis mes compatriotes, enfin le genre humain et* LA NATURE ENTIÈRE. » (Page 25.)

La nature entière !!! Comme cela est poétique, ravissant ! Cela ne fait-il pas songer au mariage de Marat, *l'ami du peuple*, EN

FACE DE LA NATURE? Cela ne nous ramène-
t-il pas un peu à la *déesse* RAISON?... Et
pourquoi parler de Dieu, après tout? C'est
une vieillerie. Le bon Dieu n'est plus de
notre temps.....

« *Que dois-tu apprendre?* » dit-on ensuite au
jeune disciple. Ici se place une énumération
où il n'est nullement question de la religion.
Il n'y a pas lieu d'en être surpris.

« *Quelle est la mission du peuple français?*
— *C'est d'être l'*INITIATEUR *et le* LIBÉRATEUR
du genre humain (Pauvre peuple! il devrait
bien commencer la besogne par lui-même.)
en donnant aux autres l'exemple de TOUTES
les vertus (Dame! on s'en aperçoit déjà.) *et en
conservant les institutions républicaines, seules
capables d'amener l'ordre, la liberté, la pros-
périté de tous les Français, etc., etc., etc.!!!* »

L'œuvre sacro-sainte serait i) complète, si
le cléricalisme, « *cette lèpre sociale qu'il faut
extirper à tout prix,* » comme il a été dit
ailleurs, n'y était pas vertement pincé; si
l'on n'y donnait pas le coup de trique fraternel aux prêtres, « *ces ennemis acharnés
des lumières, opposés à tout progrès au sein
des masses, gardant, pour les intérêts de la
domination politique, les richesses de la
science et des arts.* »

« C'est sous Robert, est-il dit plus loin, que se passa la *grande comédie de l'an* 1000..... L'an 1000 passa sans cataclysme.... . *Mais le clergé garda précieusement ses nouvelles richesses.* » (*Histoire de France*, page 187.)

Ainsi donc, la foi catholique, qui nous a donné la Trève-Dieu, les Associations de la paix, la Chevalerie, les Croisades ; à qui nous devons Charlemagne, Suger, saint Louis, saint Bernard, saint Thomas, Albert le Grand ; à qui nous devons Duguesclin, Bayard, Jeanne d'Arc, c'est-à-dire l'affranchissement de notre territoire ; la foi catholique, qui nous a préservés de l'ignorance et de la barbarie, en conservant et en développant, au fond des monastères, le précieux dépôt des connaissances humaines ; la foi catholique, à qui nous devons encore, il ne faut pas l'oublier, la fondation d'écoles et d'universités célèbres, notamment l'Université de Paris, surnommée la *Citadelle de la foi catholique*, voilà comme elle est présentée à l'esprit de nos enfants par les agents de la mauvaise presse... Cette rénovation de la piété, due aux terreurs religieuses de l'an 1000, ces manifestations solennelles, éclatantes, du sentiment le plus intime, le plus respectable, traitées de *Comédie humaine* ; en vérité, cela est assez grotesque.

Le Catéchisme, « *ce code vulgaire de la plus haute philosophie* (1) » enseigne à nos enfants que « *Dieu nous a créés pour le connaître, l'aimer, le servir, et, par ce moyen, obtenir la vie éternelle.* » Tel n'est point l'avis de MM. les instituteurs laïques, délégués cantonaux, cantonniers, maires, gardes champêtres et autres beaux diables endoctrinés par les savants de l'*Éducation populaire.* Ces braves gens vous affirmeront, avec un petit air de gravité comique et l'*Éducation populaire* à la main, peu d'accord, en cela, avec les révérends Pères de l'*École mutuelle* : « QUE LE PROBLÈME DE L'ORIGINE DE L'HOMME N'EST PAS ENCORE RÉSOLU. » (*Histoire générale.*)

A propos d'hygiène, cette médecine préventive trop négligée par le pauvre peuple, les docteurs de l'*Education populaire* blâment l'habitude « *de transporter les enfants dès le lendemain de leur naissance à la mairie,* et QUELQUEFOIS *à l'église.* »

L'on ne saurait trop apprécier ce qu'il y a

---

(1) Lamartine.

d'exquis dans ce *quelquefois*. Les sycophantes de l'*Éducation populaire* ont vraiment l'air d'ignorer que. grâce à Dieu, la naissance laïque, l'instruction laïque, le mariage laïque et l'enfouissement laïque, en dépit des prédicateurs de la fraternité universelle, n'ont recueilli, parmi nous, qu'un assez petit nombre d'adeptes, et que la libre pensée pure, ainsi qu'il a été facile de le constater, n'en globe qu'une fraction dérisoirement infinitésimale de la population française.

Un conseil tout fraternel, pour finir, aux auteurs de l'*École mutuelle*, de l'*Éducation populaire* et *tutti quanti* : Quand tentés vous serez par le démon de la composition, je vous engage sincèrement, Messieurs, à consulter avec goût cette sorte de compilation colossale, modestement intitulée GRAND DICTIONNAIRE DU DIX-NEUVIÈME SIÈCLE, élaborée sous la direction d'un ancien instituteur, par un escadron de docteurs plus ou moins doctes, de littérateurs plus ou moins lettrés, « *par un escadron de pédants*, » eût dit Despréaux ; tour de Babel élevée à la honte de la vraie morale et de la vraie religion. Morbleu ! vous accoucherez chacun d'un petit chef-d'œuvre, je vous le prédis.

Je crois en avoir dit assez sur le livre et la

brochure. J'arrive à la presse périodique, c'est-à-dire au journal. — Après avoir rendu un hommage légitime aux efforts d'hommes intelligents et généreux, toujours dévoués à de respectables convictions, à de nobles principes, toujours fidèles au poste du combat, il va m'être donné de signaler en peu de mots un mal non moins grave, un péril non moins redoutable que celui que j'ai clairement indiqué par les pages qui précèdent.

Sous diverses bannières aux inscriptions fastueuses, aux reflets éclatants, se sont enrôlés d'infatigables lutteurs, grands semeurs d'idées ou, trop souvent plutôt, disons-le, propagateurs hypocrites du mensonge et de l'erreur.

Les uns présentent aux amateurs de la chair « *l'adresse des petites dames et des fricotiers en renom, poussent le public aux tripots* (1) » et autres mauvais lieux. Les autres racontent avec enthousiasme les procès criminels, exaltent l'adultère, justifient la prostitution, préconisent le duel, légitiment le suicide. Ceux-ci, à l'aide d'une métaphysique astucieuse, élèvent la sottise à la hauteur de

---

(1) Louis Veuillot, *les Odeurs de Paris*

la science, la honte au niveau de l'honneur, placent sans façon les médiocrités, les petitesses, les nullités et les bassesses au-dessus des supériorités morales et intellectuelles. Ceux-là vont sapant, tantôt à petit bruit, tantôt à grand fracas, les bases de la famille et de la société, bafouant à plume que veux-tu le grand principe de l'autorité et du respect ; essayant de détruire, en même temps que la religion, la propriété et l'hérédité, ces maîtresses colonnes de l'édifice social ; excitant toutes les intempérances et toutes les convoitises ; obscurcissant à plaisir les notions premières du bien et du mal ; et tous, avec un succès merveilleux qui se traduit en bonnes espèces sonnantes, exploitent sans vergogne l'incurable bêtise humaine.

A côté de ces lugubres farceurs, se révèle, aux regards de l'observateur stupéfait, une catégorie d'individus, dont le caractère tout spécial échappe aisément à la perspicacité des naïfs et des bonshommes de notre époque : je veux parler d'une variété du genre Tartufe, non encore définie par la science. Ces gaillards-là écrivent dans des journaux honnêtes, conservateurs, *religieux* même. A l'occasion, ils n'hésitent pas à vous affirmer, sans rire, qu'ils sont *catholiques sincères*, tout en affichant des allures tout à fait *indépendantes*. Habitués à souffler le froid et le chaud, ils vous ont une façon touchante de mêler le rire de Voltaire aux pleurs de Jérémie. Et, ce qui est un signe du temps, cos puritains à rebrousse-poil, véritables caméléons du journalisme, obtiennent de la sottise publique un succès insolent. Leurs élucubrations se rencontrent entre les mains les plus honnêtes, les plus religieuses... « Que voulez-vous ? me dira-t-on ; il y a tant de bonnes gens qui sont enchantés de trouver, mêlees dans le même bocal, la religion facile et la morale à la mode ; il faut bien les contenter... » Et puis la propagande cafarde est si habile ! On va jusqu'à offrir des primes, des remises, des abonnements de faveur aux instituteurs et aux curés de campagne, tout comme cela se tripote, en d'autres officines, à l'égard des marchands de vin, distillateurs, limonadiers, taverniers, gargotiers et liquoristes.

Pour ma part (je dois cette confidence au lecteur), j'ai eu la bonne fortune de recevoir, un matin, au réveil, sous la forme d'une annonce-réclame, une feuille charmante que l'on n'a point manqué, sans doute, d'adresser à tous les instituteurs de France et de Navarre. Je devais évidemment cette faveur a l'obligeance toute désintéressée d'un journal étonnamment répandu dans le monde *conservateur*.

« *Nous avons depuis longtemps*, dit la feuille, *une idée* ORIGINALE *pour le* LANCEMENT *(sic) d'un roman-feuilleton,* ET *qui est absolument* NEUVE. » Or, l'*idée* qui est tout à la fois *originale* et *neuve* est parfaitement connue de tous ceux qui ont lu, le 6 juillet de la présente année, la quatrième page d'un journal quelconque de Paris.

Au milieu du bruit délicieux des cymbales et des tam-tams, la feuille ajoute : « *Nous croyons que ce roman* (les TRAGÉDIES DE PARIS) *est appelé à réussir plus brillamment encore que ses aînés* (les CHEVALIERS DU LANSQUENET, les VIVEURS DE PARIS, le MARI DE MARGUERITE). *On va ci-dessous en lire le premier chapitre, que nous faisons imprimer* A *part, pour l'envoyer* A *des personnes qui aiment* A *lire.* »

Suit le prologue, intitulé : la SAGE-FEMME.

« *L'accoucheuse* » est une certaine madame Angot, parente, on le présume du moins, de la légendaire dame de la halle, « *forte en gueule, pas bégueule,* » et représentée, « *sur un grand tableau peint à l'huile,* » sous les traits d'une jeune dame « *vêtue d'une robe rose* NOTABLEMENT DÉCOLLETÉE, *portant sur ses épaules* NUES *une écharpe d'un bleu saphir...* »

Au deuxième étage de la maison où demeure madame Angot, et dont le rez-de-chaussée est occupé par le propriétaire, « *gros homme nommé Vignot et surnommé Fil-en-Quatre,* » dans une chambre misérable où l'on remarque « *une paillasse éventrée et un matelas* MINCE COMME UNE GALETTE, » (Quelle richesse de style !) s'épanouissent : 1º Un jeune homme dont l'ensemble du visage « *offre une beauté frappante,* MAIS *une beauté* FATIGUÉE OU, POUR MIEUX DIRE, FLÉTRIE ; » de chacune de ses prunelles « *tombait un feu morne ;* » 2º Une jeune femme belle « *comme un rêve, ressemblant à un ange,* MAIS A L'ANGE DE LA DOULEUR..... »

Le prologue tentateur se termine par le *suicide* du beau jeune homme qui, en présence de la belle jeune femme, « *appuie contre sa tempe le canon d'un pistolet,* » et dont le corps « *s'abat lourdement dans la chambre pleine de fumée.* » Premier *truc !* L'on en verra bien d'autres dans ce roman appelé, dit-on, à éclipser son illustre devancier, les *Mystères de Paris.*

On m'objectera maintenant ce que l'on voudra ; je le déclare, l'écrivain galant fait là une œuvre sublime, bien qu'assez étrangement troussée ; et les instituteurs que l'on a gratifiés d'un si alléchant spécimen, « *s'ils aiment à lire,* » sont incontestablement des mortels favorisés ; voilà de quoi les récréer, tout en développant leurs connaissances littéraires et surtout. .morales. Leurs intéressants élèves en tireront bien aussi quelque petit profit. Allons ! allons ! tout le monde sera heureux ; ainsi le veut, d'ailleurs, je dois le présumer, le journal conservateur, catholique, indépendant et multicolore, le *Narquois !* (1) »

L'on conçoit jusqu'à un certain point, j'en conviens, qu'un journal, un journal sérieux même, attache de l'importance au roman-feuilleton. Le roman-feuilleton exerce une puissance d'attraction incalculable sur le public. Mais n'a-t-on pas lieu de s'étonner quand on voit (et le cas est assez fréquent)

---

(1) Demandez aux bureaux du journal le *Narquois* les entrefilets les plus orthodoxes du prophète Saint-Genest (voir l'article Miracles). Demandez. . il y a là de quoi satisfaire à peu près tous les goûts.

s'épanouir au bas d'une feuille qui se dit *conservatrice*, des œuvres aussi niaises qu'immorales, des œuvres remplies, le plus souvent, de mensonges, de bourdes, de travestissements et de calomnies historiques ou autres, qui se répandent et s'incrustent trop aisément dans les esprits, grâce à l'imbécillité humaine ?

A l'appui de mes assertions, je vais citer un trait remarquable qui ne sera point déplacé dans cet opuscule.

Il se publie actuellement, dans un petit journal à la tête duquel se trouvent des hommes qui, paraît-il, ont travaillé jusqu'ici dans l'intérêt de la bonne cause, il se publie, dis-je, un roman mille fois infâme, dont voici, en quelques mots, le sujet :

Un homme égorge un à un, lentement, un certain nombre de petits enfants, à mesure qu'on les lui amène. Les gémissements, les cris de ces innocentes victimes ne troublent point son atroce impassibilité... L'écrivain se complaît dans des détails effroyables.

Son œuvre terminée, l'égorgeur regarde, avec un sourire de satisfaction, une baignoire remplie du sang de ces pauvres petites créatures, dont les cadavres sont amoncelés autour de lui. Il se frotte les mains et semble dire : « Le maître sera content !... » Le maître, le monstre qui va se baigner dans le sang des petits enfants, quel est-il ?... *C'est là que réside tout l'intérêt du roman...* L'avez-vous deviné, vous qui me lisez ? Non... Eh bien ! je vais vous le dire, et vous hésiterez à me croire. Il vous répugnera d'admettre qu'un romancier ait pu imaginer et écrire de telles horreurs. C'est bien vrai pourtant, car je ne rêve point : le maître, le personnage au bain de sang, C'EST UN ROI DE FRANCE, *c'est le roi Louis XV !* Et c'est avec des insanités de cette espèce que l'on prétend avancer l'instruction et l'éducation du peuple, que l'on prétend assurer son bonheur !

Pauvre peuple ! pauvres enfants ! vous lisez et vous croyez ! Que ne lisez-vous donc les ouvrages écrits par les amis du bon sens et de la vérité ?... Aujourd'hui, l'on vous dit que Louis XV faisait assassiner, tous les matins, quarante ou cinquante petits enfants, afin de se procurer un bain tonique, tout en dégustant un numéro du *Siècle*, du *Figaro* ou du *Petit-Journal*, vous le croyez ! Demain, l'on vous racontera que Dagobert, Charlemagne et saint Louis se nourrissaient de chair humaine et buvaient le sang dans le crâne de leurs victimes : vous le croirez

encore ! Que voulez-vous ? « *C'est imprimé !
C'est le papier qui le dit !* » O puissance de
la presse ! *O tempora ! ô mores !...*

Je conclus enfin.

A quelque point de vue qu'il se soit placé
pour juger la grande question de la presse,
le philosophe, le chrétien, s'il sent battre dans
sa poitrine un cœur vraiment français, pro-
clamera qu'il serait grand temps de voir se
fermer, au milieu de nous, l'ère désastreuse
des honteuses pasquinades et des lugubres
palinodies, qu'il serait grand temps d'être
sérieux.

Quand le soleil de la justice paraît descendu
jusqu'à l'horizon, quand la terre tremble et
va, peut-être demain, nous manquer sous les
pieds ; quand, moralement, une nation semble
toucher à son agonie, non-seulement il appar-
tient à ceux qui sont les gardiens et les tu-
teurs des grands intérêts sociaux, de sonder
l'abîme et de jeter le cri d'alarme, mais il
leur incombe de saisir résolûment le gou-
vernail et de résister au flot montant de la
démoralisation. Il y a là, du reste, une œuvre
de salut public, en face de laquelle personne n'a le droit de rester indifférent. Tous
nous sommes intéressés à nous demander si
nous voulons enfin comprendre les leçons de

l'histoire, cette grande institutrice de l'humanité ; si nous voulons être une nation libre ou une horde asservie ; si nous voulons redevenir un grand peuple ou continuer à descendre la pente qui conduit fatalement à la barbarie.

Le mal dont nous souffrons tous, le mal qui nous tue, *c'est la mauvaise presse* ; je défie aucun homme respectueux de la vérité d'oser me contredire. Eh bien ! que ceux qui peuvent tenir une plume ; que ceux qui savent manier la parole ; que tous les hommes de bon sens et de cœur, indistinctement, unissent leurs efforts contre l'ennemi commun. Que ceux-là surtout qui gardent entre leurs mains l'espérance et la force du pays, que les pères de famille et les instituteurs, travaillent d'abord à relever le grand principe d'autorité, si violemment attaqué tous les jours par la mauvaise presse. Il ne faut plus que les mauvais livres et les mauvais journaux pénètrent auprès de nos enfants. Si nous éloignons de ces êtres si chers le poison qui tue les corps, pourquoi ne repousserions-nous pas, avec la même sollicitude, le virus qui tue les âmes, en pervertissant les consciences, en énervant les volontés, en abrutissant les intelligences, en avilissant les caractères ?

Hommes d'ordre et de conservation, cette parole du cardinal de Richelieu est encore vraie aujourd'hui; elle sera encore vraie demain, si nous le voulons :

« *Quand la France est au plus bas, c'est le moment où elle va s'élever au plus haut; plongez-la dans l'abîme, elle remontera jusqu'au ciel.* »

Paris —Imp Nouv (assoc ouv), 14, rue des Jeûneurs — G Masquin et Cᵉ.

DU MÊME AUTEUR

Pour paraître prochainement : la 2ᵉ édition de *Nos Vrais Sauveurs : la Famille l'Ecole*, précédée de lettres de NN. SS. les évêques d'Orléans et de Chartres, adressées à l'auteur.

Plusieurs journaux, notamment l'*Univers*, le *Bulletin catholique* et le *Dimanche illustré* de Toulouse, ont donné des comptes rendus très élogieux de cet opuscule.

Le *Journal de l'Ecole primaire*, dans ses numéros des 15 et 30 novembre dernier, a publié *in extenso* la partie de l'ouvrage intitulée l'*Ecole*, en la faisant précéder des réflexions suivantes :

Les pages qui vont suivre sont extraites d'un livre aussi bien pensé que vigoureusement écrit : *Nos Vrais Sauveurs*, etc. Nous avons peu lu de livres que la crise actuelle a fait surgir, qui nous aient intéressé autant que ce petit volume de 64 pages, et nous espérons, en citant l'estimable auteur, faire éprouver cette impression à nos lecteurs. Nous ne doutons pas qu'après avoir reconnu le mérite hors ligne de cet opuscule substantiel, ils ne fassent plus que de lui accorder une sympathie stérile et de platoniques éloges et ne cherchent à le répandre autour d'eux. C'est éminemment un livre de propagande, une de ces lumières à la fois vives et simples, qu'il faut projeter partout pour éclairer les ténèbres où se remue la propagande athée et socialiste. Beaucoup de petits livres comme celui-ci, répandus par ceux qui ont mission de charité spirituelle aussi bien que d'aumônes matérielles, auraient bientôt changé la face des choses et corrigé les faits. Ne les négligeons donc pas lorsqu'ils se présentent.

Nous laissons la parole à l'auteur.